위로의 창

위로의 창

최금희

코람데오

참 위로와
평안 주시는 주님!

모든 영광 하나님께 돌립니다!

'인생은 소풍이다'라는 친정엄마의 말씀이 새록새록 피어납니다. 잠시 여행 나온 여정 속에서 우리는 사랑을 갈망하며 누리길 원하고 바랍니다. 때론 비틀거리고 넘어지며 가늘 수 없는 고통을 경험하기도 하고, 꿀처럼 달콤한 꿈을 꾸며 행복을 누리기도 합니다. 이 모든 순간들이 '다 지나가리라.' 저녁노을이 지면 저마다 집을 향해 쉼을 누리러 갑니다. 잠시뿐인 이 세상 그 어디에도 영원한 안식처는 존재하지 않습니다.

소풍 나온 우리네 인생! 본향을 마음에 품고 주님 손잡고 꿈의 향연을 펼칩니다. 이 땅은 살아계신 하나님 언약의 약속이 숨 쉬고 있습니다. 바로 예수 그리스도이십니다. 풀잎이 아침이슬 먹고 살 듯이 우리는 하나님의 말씀을 섭취해야 즐거운 여행을 할 수 있습니다.

5

지치고 곤한 이들에게 《위로의 창》을 선물하고 싶습니다. 그곳에는 참된 만족이 있습니다. 그 어디에도 없는 영원한 생수가 있습니다. 현대인은 목마르기에 참 평안을 담은 위로의 잔을 마셔야 합니다.

　갈급함의 해소!
'위로의 창'을 열고 그곳에 거해야 합니다. 눈물도, 한숨도, 근심도 없는 소풍의 즐거움을 맛보게 될 것입니다. 이 시로 인해 가장 귀한 주님을 만나 감사의 고백이 넘치길 바랍니다. 인생의 해답은 '오직 주님' 밖에 없다는 진리를 전합니다.

　이 시(詩)를 통해 성도들에게는 참된 위로와 평안이 되고, 주님을 알지 못하는 분들에게는 하나님을 만나는 통로가 되기를 바라며, 신학생들에게는 물질의 도움을 줄 수 있는 밀알이 되기를 소망합니다.

신학의 길에서 진정한 주님의 종이 되기를 기도와 격려로 또, 시집의 사진을 후원해 준 사랑하는 남편과 아이들에게 감사를 전하며 특히, 추천사를 써 주신 존경하는 김근수 총장님, 황건영 부총장님과 김지호 신대원장님께 진심을 담아 감사의 인사를 드립니다. 시를 해설해 주신 시인 이억희 교수님께도 머리숙여 감사드립니다.

　　평생 오직 주님만을 사랑하며 소풍 나온 이들에게 아름다운 복음을 선물하고 하늘나라 가신 친정엄마에게 이 시집을 바칩니다.

　　은혜의 선물을 온 세상에 뿌리우고 싶습니다.
　　사는 날 동안

눈부신 가을 즈음에
최금희

영혼의 안식과
새 힘을 주는 시집

고난의 체험을 통하여 이 세상의 허무함을 절감하게 된 인생은, 고난의 학습을 계속하며 그 어떤 영화의 제목과 같이 인생은 강물같이 흘러서 마침내 안식에 이르게 됩니다.

《위로의 창》은 고난과 허무에 시달리는 인생들에게 다가오는 어머니의 손길같이 슬픔과 아픔을 고뇌와 고통을 고생과 고난을 이겨낼 수 있도록 위로와 치유를 그리고 영혼의 안식을 줍니다. 영혼의 치유를 통하여 소망의 기운을 북돋아 줍니다. 자연인의 이성에서 온 것이 아니라 신앙인의 가슴에서 나와 속 깊이 새 힘과 용기를 가져다줍니다.

항상 베풀기를 행복으로 아는 최금희 전도사님의 시를 적극 추천합니다.

안식의 창 활짝 열리네
당신을 향한 황금빛
미소 아름다움이라

김근수 칼빈대학교 총장

생명력 드러나는
신앙의 노래

이 세상을 창조하신 하나님의 아름다움을 느낄 수 있는 계절에 한 편의 시집이 태어났어요. 인생의 희노애락 가운데에서도 당당하게 피어난 한 송이 꽃처럼 담아 내놓은 노래 같기도 하고, 질그릇에 담긴 보배 같아요.

주님의 음성이 그의 발걸음을 이끄시는대로 신학의 길을 걸어가는 전도사님의 삶을 통해 빚어낸 소망과 위로의 창이기도 하네요. 등단하여 처녀 출판하는 시집인지라 왠지 더 깊은 애정이 담겨진 것 같아요. 이 책에 실린 최금희 전도사님의 시들은 참으로 살아 숨을 쉬는 듯한 생명력이 있고, 삶의 깊이가 느껴지는 아름다운 시네요. 평소 최금희 전도사님을 보는듯 하네요.

하나님께서 전도사님을 통해서 빚어낸 아름다운 노래들을 통해서, 이 시를 접하는 수많은 사람들이 마음에 기쁨을 얻기도 할 것이고 그 영혼이 청량해질 것 같은 생각이 드네요. 하나님께 영광을 돌리는 아름다운 신앙의 노래들이 될 수 있길 간절히 소망합니다.

황건영 칼빈대학교 부총장

그리스도의 샬롬을
일깨우는 시

최금희(전도사) 시인은 이미 여러 편의 시가 종합문예지 《한국작가》에 게재되었습니다. 그것은 〈세월〉, 〈샘물〉, 〈마음〉, 〈수가성 여인〉, 〈회복〉, 〈먼훗날〉, 〈로뎀나무 아래서〉, 〈시간의 정원에서〉 등이다. 그리고 금번에 《위로의 창》은 제목에서 보여 주듯이 코로나 19로 인한 팬데믹 상황을 살아온 모든 사람에게 꼭 필요한 "위로"를 주고 싶은 시인의 아름다운 마음을 읽을 수 있습니다.

최금희 시인은 유치원 원장 등을 오랫동안 역임하면서 어린아이와 같은 순전하고 착한 심성으로 인생을 살아오다가 하나님의 부르심에 순종하여 칼빈신학대학원에서 신학연구에 매진하여 학업이 우수하며, 원우회장으로 멋지게 섬기고 있습니다. 복음전파와 신학생들을 위한 도구로 시집을 발간하게 되었기에 더욱 뜻깊은 의미가 있습니다.

이 시집은 4부로 구성되어 있는데, 1부 "시간의 정원에서"에서는 소풍 나온 인생들은 어느새 지치고 곤한 모습으로 추락한 존재들, 그들에게 "위로의 창," 그것은 바로 '예수 그리스도'라는 시인의 접근은 신앙인들이 아니더라도 깊은 안식을 얻게 하기에 충분합니다. 한 편 한 편의 다양한 표현들로 영원한 생수이시고 우리와 함께하시며, 먼 훗날 하나님 앞에 설 때, 우리의 눈물이 담긴 사랑의 그릇을 내보일 수 있는 깨끗한 영혼을 준비하도록 애(愛)린 가슴을 갖게 합니다.

2부 "다 지나가리라"에서는 '세상'이란 곳으로 '소풍 나온 인생'이 세상을 살면서 먹먹함과 사람에 대한 미움이 온 마음과 생각을 지배할 때, 주님이 주신 '용서'라는 선물로 미움을 몰아내기를 표현합니다. 주님의 손을 잡는 순간 주님 주시는 새 힘으로 '다 지나가리라'는 고백과 십자가의 눈물이 마음을 적실 때, 내가 노력하지 않아도 사랑할 수 있는 그것이 바로 주님이 주신 기적이라는 시로 팬데믹을

견디어 내고 극복하게 합니다.

3부 "엄마의 정원"에서는 어떤 형편의 인생을 막론하고 모든 사람의 마음을 움직이게 하는 한마디 "엄마", 엄마 앞에서 마음은 숨기려 해도 마치 호수 가에 어린 모습처럼 엄마를 떠올리게 합니다. 먼저 가신 시어머니의 사랑을 그린 '향기로운 여인'의 모습을 만날 수 있습니다. 오로지 십자가 붙잡고 평생을 복음 위해 달려가 그 멈출 수 없는 사랑의 흔적으로 일가친척을 구원의 길로 인도한 별명이 '천사'인 엄마를 그리며 쓴 글은 친정엄마에 대한 애틋함으로 모든 독자들에게 나름 자신만이 느끼는 엄마를 그려보게 합니다.

4부 "꼬마 연필"에서는 어린 동심으로 아이들의 표현과 고운 마음과 순수함을 담은 시이며, "엄마와 나"는 요즘 시대 부모들의 시각과 어린이의 시선과 동떨어져 있다는 아쉬움을 동시로 표현하고 있습니다.

《위로의 창》에서 '위로의 창' 되시는 예수 그리스도를 만나는 기회가 되기를 소망하고 있습니다. 팬데믹 시대를 지나가면서도 소풍 나온 인생들에게 목마름을 달래는 생수로, 곤하고 지친 인생들에게는 '다 지나가리라'는 소망으로 인내할 수 있는 힘을, 참된 안식을 갈망하는 현대인들 엄마의 품을 느끼며 다시 동심으로 돌아가기를 노래합니다. 엄마 품에 안긴 어린아이처럼 세상이 줄 수 없는 그리스도 안에서는 누리는 샬롬이 넘치기를 소망하며, 이 풍요로운 계절에 기쁨으로 《위로의 창》을 적극 추천합니다.

하늘 산기슭에서 김지호 킬빈신대대학원장

차례

1부 시간의 정원에서

2부 용서

3부 마음

4부 (꼬마) 꼬마연필

1부

시간의 정원에서

시간의 정원에서

추억의 햇살 타고
주저없이 달려오는 지난날

지금 와 생각하니
부끄러운 발자국 아닌가

하늘빛 창가에 새겨진 얼룩
군데군데 누렇게 익어
문지르고 닦아도 흔적은 여전히

뒤척이던 영혼
잔뜩 찌푸린 혈관에
파문이 일어
당신이 쏟아 낸 향기로
흠뻑 취해버린 나
발을 씻고 웃을 수 있는 지금

내가 작아지는 행복

먼 훗날

인생의 한 그루 나무
추수기 타작마당에
무르익은 언약

순결한 등불 위에
새겨진 눈물 펼쳐놓으리

아롱진 내 언어와 빛
기도로 물든 향기론 제사여

추억이 고스란히 담긴
호흡나무

그리던 시온의 숨결 타고

안식의 창 활짝 열리네
당신을 향한 황금빛 미소
아름다움이라

회복

까맣게 멍든 세상
하늘 볼 겨를도 없이
창백한 하루

방황의 숫자 핑그르르
짙은 한숨으로 물들고

하늘빛 창가에 기대
십자가 향기 품는다네

빛이 쏟아진 거리
웃음이 소곤소곤

해맑은 축제는 시작되고

수가성 여인

뜨거운 태양 이마를 덮고
갈증이 차곡차곡 쌓인다

눈물을 곱게 담아 부으면
경건해질까

죄의 옷 포개 날려 보내면
깨끗해질까

아픔의 흔적은 짙어가고

생수의 강가에
얼룩진 영혼 흠뻑 적시네

언약의 빛 스며들어
피어나는 꿈이여

녹슨 심장이 두근거린다

고백

나는 할 수 없습니다
당신의 도움이 없이는

나는 숨 쉴 수 없습니다
당신의 은혜가 아니면

나는 웃을 수 없습니다
당신의 평안 없이는

나는 살아갈 수 없습니다
당신의 능력 아니면

오직 당신만이
내 삶의 전부입니다

로뎀나무 아래서(엘리야의 고백)

파르르 떠는 살갗
단숨에 독배 마셔도 좋을 목마름

바람이 달려와 옆구리 찌르고
햇살이 모지게 비아냥 거리네

죽기를 소원하는 밑바닥 인생
침묵의 잠결 생수는 흐르고
아! 따스한 손길이여
감싸는 전율 아버지의 마음인가

곪은 상처 새 살 돋아
호흡이 노를 젓는다

새벽 별 품에 안고 길 떠나는 나그네
흩어진 가슴 설레인다

생각

빛깔은 혼합색입니다

투명한 거울이지만
회색빛 짙은 안개입니다

만개한 꽃송이 가운데 웃으나
홀로 핀 꽃으로 고독을 머금습니다

누구에게 정열 보내나 그 사랑 금새 사라져
미움의 도가니에 빠집니다

모든 것 내려놓고
따뜻한 사랑 음미합니다

채워지는 단비

회개

이목을 치장하는 영혼입니다

조그만 걸림돌에 혼돈 하는
자격 없는 나
주님 앞에 죄인입니다

판단의 저울이 기울고
내 중심으로 사고(思考)하는
부끄러운 존재입니다

가슴을 찢고 입술 봉하여
거룩한 주(主) 무릎 아래
흐트러진 마음 조아립니다

주님의 심장
내 안에 숨 쉬게 하소서

오직 주(主) 만이

세상 어디에도 위로자는 없습니다
의지하는 순간 실망이 눈을 뜹니다

너로 인해
행복하다 말하면
낙심의 안개가 짙어집니다

너 때문에
부유하다 말하면
가난의 장막 스며듭니다

이 세상 만족은 존재하지 않습니다

새롭게 변화될 내일
그리고 소망의 빛
오직 주님밖에 없습니다

우물

물 한 모금은
갈급함의 해소입니다

우리는 모두 목말라 합니다
물을 적셔야 사는 있는 인생

나의 의지
나의 소유
나의 노력

계속되는 목마름
세상의 우물 순간의 모면입니다

생수의 강 영원한 해소
마르지 않는 우물입니다
예수 그리스도

인생

그다지 길지 않습니다

내게 일어나지 않으리라
여겼던 일들

지금 서로를 향해
이름 부르고 안부 전하는 것
기적이며 은혜입니다

주님을 찬양하는 감사
살아있다는 증거입니다

남을 위한 눈물의 기도
향기로운 여정입니다

lncarnation

유목민의 삶 그 중에도
야곱의 방황 그 중에도

성공의 열쇠 움켜진 자아
불행의 바람 휘몰아쳐도
임마누엘

택한 백성
붙드심에 순종하는 자

고난조차도 평안이라
산다는 것이 은혜이니

Incanation

동행

따스한 햇살 아래
지나온 발자욱 세어봅니다

때론 시련의 옷자락 잡고
비틀거리고 넘어져 상처로 얼룩진 나날들
밤 지새운 그때를 기억합니다

두 손 꼬옥 잡은 아버지의 마음

멈출 수 없는 고백
오직 주님만이 참 위로입니다

성령의 바람 불어 나누는 언어
고운 빛으로 무르익고

향기론 선물 아름다운 동행입니다

가을의 속삭임

우수에 빠진 사람 따사로운 햇살에
밝은 미소 품게 하소서
베푸신 은혜 기억하고

추한 맘 가다듬고 볼품없는 생각 지우고
헛된 욕심에 집착하지 않게 하소서

세상에서 내가 가장 낮음을 고백하고
섬기는 자로 겸허히 무릎 꿇게 하소서

주님의 시선으로 보듬고 안아주어
반짝이는 사랑이게 하소서

숨쉬기조차 버거운 이를 위해
끝없는 눈물 흘리게 하소서
이 가을에

12월의 인사

마지막 숫자에 지난날 새겨봅니다

한없이 베푸신 나날들 감사하기보다
공허한 아픔의 시간
불평하고 살았습니다

세월은 이토록 부지런히
가고 있건만

하찮은 일들이 전부인 양
참고 기다리지 못하는 어리석은 삶입니다

후회와 아쉬움 가득하나 지나온 소중함 담고
사랑의 마침표 찍습니다

순결한 기도로 마지막 달력 장식합니다

선물

그립다는 말대신 향기론 기도를 선물할게
보고싶다 말보다 선한 눈빛의 감동을 줄게

초록 생명의 꽃 속에 녹아나는 기쁨
이토록 너를 향한 간절함
알고 있을까

일시적 사랑 아닌 영원한 사랑 안겨줄게
너에게 고백해 "하나님은 널 사랑하셔"

가슴 벅찬 만남 기대할게
낙엽보다 고운 너의 얼굴

창문 활짝 열고 맞이할게
채색 빛 아롱진 가을빛 아래서

무익한 종

주님을 사랑한다
말하는 나는 우둔한 사람입니다
주님께 가기에 때 묻은 그릇입니다

주님의 이름
부르기에 못난 입술입니다

그럼에도 불구하고 주님을 갈망합니다
주님 향한 간절한 맘

남은 인생의 순간들
오로지
주님의 사람이고 싶습니다

나는

살아가는 이유

매일 눈뜨면
앞에 펼쳐지는 선물
주어지는 미션은 기쁨입니다

꿈꾸는 어린아이
그렇게 윤이 납니다

누구보다 빛이 나고
무엇보다 소중하여

때론, 힘들고 지치지만
그래도 감사입니다

생각만 해도 가슴 벅찬
새로운 시작

'주님'이십니다

페이소스(Pathos)

지쳐 가눌 수
없는 영혼의 고독

눈을 감고 만져보니
여기저기 상처투성이

뾰족한 가시
군데군데 만져지는구나

~~~~~~~~~~~

주님의 시선
나를 향한 애틋한 눈물
그 자리 새록새록 살이 돋고

빛으로 태어나는 순간

기도

새벽 미명
고요히 피는 꽃

화려하지 않으나
고귀한 향내이어라

뽀송뽀송 다가와
빛으로 스며든 샬롬

영혼은 벌써부터
행복의 뜨락에서 숨쉬고

화창한 생기로 흥얼흥얼

다 지나가리라

긴 터널 어둠
햇살이 보고 싶을 때
혹독한 살얼음
따스한 꽃 그리워질 때

꿈속에서라도
느낄 수 있기를 소망한다
메마른 광야
끝이 보이지 않아
무너지는 가슴 슬피운다

마지막 끈조차
보이지 않는 끝자락에서
목마른 은혜 기다리는 울림

다 지나가리라

예수 그리스도

누구를 좋다 말하고 나면
금새 다툼이 달려와 안긴다

누구를 칭찬하면
어느새 실망이 주위를 맴돈다

잠시 머무는 길
그 어디에도 영원한 안식은 없다

불쑥 튀어나온 못난 자아인가
너무 아파하지도 슬퍼하지도 말자

그 누군가가 바로 나
어리석은 내 자신이다

신뢰의 대상은 오직 한 분
예수 그리스도

당신

하루에도 몇 번이나 생각납니다
그리움으로 가득
달려가는 내 마음

부를 수 있어 행복하고
쏟아지는 미소 온종일 설레임입니다

시들은 영혼
눈물로 새록새록
피어나고

향수보다 진한 오색 빛 향기
하루의 긴 여정

그 이름 뜨겁게 노래합니다
달빛 창가에 기대어

감사

하루를 산다는 것이
기적입니다

날마다 주어진 은혜로
주 보좌 앞에 나아갑니다

그 누구도 아닌 주님께

혼탁한 세상
암울한 현실
곤고한 시간
그때도 주님의 빛은 여전히

순결의 옷 곱게 차려입고
소망을 그립니다

주어진 시간 선물입니다

Recovery

세속화의 바람인가

향락의 꽃 익어
온 세상이 휘청휘청
황홀해하는 바람의 소리

양심이 문드러진 우리네
흙탕물이 생수로 둔갑 하였나
미움의 시선 손뼉을 즐기니

어둠의 자락 체온을 뺏어
꿈꾸지 못하는 사랑이여

너는 무엇을 보는가
깨끗한 수혈을 갈망하자

피톤치드 품어내는 갈보리산

아 번져가는 전율
고마운 겨자씨로 두근두근

2부

용서

용서

당신을 용서한다면서
여전히 미움의 꽃 피우는 나
뾰족한 가시로 아픔 준 당신
기억하는 동안

먹먹함이 요동치고 뿌연 잿빛에
뭉개져 버린 가슴앓이
삐걱삐걱 어설픈 나는

십자가 그늘에 고인 눈물
구겨진 마음 적신 것일까

애쓰지 않고 사랑할 수 있는 고백
내게 달려와 안긴 기적이여

편지

고난의 창문 온전히
잠그고 싶어질 때

실의의 연속 완전히
멈추고자 할 때

가슴 시리도록 목 놓아
눈물이 말라올 때

그분 두 손 잡으세요

차가운 그대 눈물조차
사랑하시는 분

예수 그리스도

삶의 귀로에서

때로는 생각지 못한 아픔 찾아옵니다

온 세상 흑암으로 짙게 물들고
무너지는 슬픔으로 죽고만 싶은

그 무엇도 믿을 수 없는
나만의 공간으로 지새웁니다

고개 들어 눈부신 새 하늘
바라보아야 합니다

힘에 겨워도 눈물 겨워도
'주님' 부를 때 새 힘 얻습니다

내 생애 반전의 은혜
고난은 축복입니다

그리하실지라도

많은 건 누리려 하지 않게 하소서
잠시라도 주님 잊을까 하나이다

손에 가진 것 부여잡지 않게 하소서

금보다 귀한 주님의 말씀
그것이 전부임을 새기게 하소서

종일토록 주를 향한 감사의 곡조
울리게 하소서

곤고한 목마름 버거운 나날
그리하실지라도

주를 향한 뜨거운 사랑
반짝이는 눈물이게 하소서

행복을 마시며

꿈꾸는 사람 좌절하지 않습니다
본향을 품었기 때문입니다

믿음의 사람 포기하지 않습니다
기도의 열매 믿기 때문입니다

사랑의 사람 베푸는 손길
축복임을 믿습니다

연약한 가운데 강한 자
없는 자 같으나 부유한 자

고통 중에도 평안한 자
늘 감사하는 자

꿈꾸는 사람입니다

첫사랑

주님 부르며 경건을 모색하나
서로를 향한 틈새는 벌어져 있습니다

열심 있으나 순수의 사랑 식고
보이기 위한 치장에 온 정성을
쏟고 있습니다

하나님의 의는 찾을 수 없고
요란한 장식과 달콤한 파티 사모합니다

거룩함 가슴에 담아
진정 뉘우침으로 자복해야 합니다

주님께 상한 심령
온전히 드릴 때 자아가 치유됩니다

참회는 회복입니다

가까이 더 가까이

눈물 없는 그곳에 소원을 두고 싶다네

애쓰지 않아도 웃음꽃 피는 곳
내 본향 하늘나라 평안의 복음자리

죽음이 없는 그곳에 소원을 두고 싶다네

가슴 메이도록 이별 안겨주는
고달픈 인생길 너머
황금빛 영광의 집 밝은 그 땅에

긴 여정 내려놓고 고귀한 옷 입고
거룩한 성 향해 환희의 찬미 울리네

주의 영광
사모하는 안식처라네

인생

행복이 달려와 안기었건만
슬픔이 저만치 오고 있다오

젊음이 언제나 있을 줄 알았건만
어느새 세월을 뒤돌아보게 되오

미지수 물음표
그리고 반전
기대와 실망 그렇게 새날이 온다오
맡기는 삶 그것이 믿음이다

내려놓음 그것이 평안이다

오직 예수로 사는
그것이 참 인생이기에

나이

꽃이 지네
가을이 익어가는 자리

세월이 스치며
우리 마음도 익어간다네

익어가는 우리네
행복하여라

은은히 퍼지는
고운기도

익어가는 미소
사랑이 된다네

빛의 향연

병든 시야를 가지런히 내밀었네
지친 두 손에 온기 주신 분

울부짖는 광야의 고통
그 통증으로
가슴 치며 회개하던 날

고요히 불어와
마음 적시는 눈물
영그는 따사로운 빛이어라

간절히 사모하는 기다림
행복이 저만큼 고개를 내밀고

선한 바람이 분다

갈망

하늘아래 흩어진 이들
저마다 빈자리 채우고파

햇살이 와 안기니
빗물을 그리워하고

빗줄기 촉촉히 스밀 때
무엇인가 갈증한다

행복의 웃음은 잠시

예수 그리스도를 바라보자
고른 숨소리 들리고

하늘에서 위로의 꽃으로

반추(反芻)

순결한 심령 신령한 은혜

모진 바이러스 누추한 옷 걸치고 서성이다
최상의 유혹 포기하고 한숨 짓는다

휴 안심의 옷 입기엔
내재된 성품이 얇기만하다

경종 울리기 전
되새김 불러와
두터운 신뢰의 빛 채운다

매일 채찍질하는 마음
지문이 추문을 막는다

그리스도를 본받아

방주

소용돌이치는 샘들이여
세상을 씻기우는 빗방울
하나님의 눈물입니다

순종하지 못한
인생 바라보시는
하나님의 아픔입니다

세상적 안목 이생의 자랑
정욕의 혼잡인가
듣지 못하고 깨닫지 못하는
어리석은 영혼

외치시는 하나님의 음성
귀 기울이라

방주에 거하라 안식 주리니

영혼의 샘

우울이 밀려올 때 마음 담그고
가슴 시리도록 아플 때면
그곳에 눈물 씻기어 보냅니다

미움의 꽃 필 때 샘의 물 뿌리고
감사의 꽃이 필 때면
그곳에서 노래를 부릅니다

잔잔히 흐르는 파장
영혼을 감싸는 사랑입니다

흘러나오는 솔향기
하루의 만나 입니다

온전히 적십니다
맑아지는 보혈의 샘

간구

채우소서 빈 잔
주의 성령으로

부어주소서 깊은 지혜를
깨닫게 하소서 말씀의 비밀을

인내의 쓴 난제
거룩으로 승화하사
깊은 진리 새겨 주소서

원하시는 그때
뜻하신 감동으로

오직 주를 위한
순전한 사람이게 하소서

새벽 창가에 기대어

간절한 울림 주님을 부릅니다
침묵을 깨고 허다한 죄의 포장지
모두 펼쳐 그대로 보여 드립니다

주님을 부인한
베드로의 통곡처럼
마음을 찢고 회개합니다

주를 향한 고백의 순간
퇴색한 내면까지
겸손으로 옷입게 하소서
고통의 날개 접고
영광의 모습 빛난 광채여

어둠의 채색으로 물든 세상 속
오직 주님의 사람으로

묵상

눈물은 주님의 자비
말씀은 주님의 언약
주님의 약속 구원의 사랑입니다

주님의 이름 부를 수 있음은
은혜입니다

주님 향한 노래는
베푸신 감사입니다

주님을 사랑함은
내가 누리고 있는
가장 큰 축복입니다

내 삶의 영원한 주인
오직 주님

주의 손

보이지 않아도
느껴지고

만질 수 없으나
따스한 주님의 손

위로의 평안입니다

자비로운 주의 손
사모합니다

마치 어린아이처럼

소망

세상을 바라보니 모든 것 절망이고
사람을 바라보니 온통 실망뿐이네

누군가 의지하니 아픔 주고
어딘가 기대니 슬픔 준다네

주님을 신뢰하니 내일이 보이고
주님과 동행하니 새 힘 넘치네

주님 말씀 의지하니
분별의 영 주시어
모든 것이 형통이라네

오직 주님만이
살 수 있는
유일한 길이기에

흔적

내 맘에 흐르는 눈물
주 은혜입니다

내 영혼 감격의 찬양
주 사랑입니다

부르심에 합당한 감사
주 능력입니다

세상의 변화
내면의 갈등 속에서

여전히 주님은
진리입니다

새겨진 주 보혈
거룩한 주님의 눈빛입니다

참 빛

거짓이 빛 발하나 더욱 어두워집니다
그 빛 가릴 줄도 숨을 줄도 모릅니다
진리의 빛으로 둔갑해
반짝입니다

그 빛을 쬐인 이들 까맣게 물들어
고통을 호소합니다

번지어 상처 입히지만 치료제 없습니다
격한 감정 쌓이고 분노의 깃발 꽂히어
아우성입니다

참담한 아픔 안겨다 주는 걸까요

세상을 비추는 등(燈)
오직 주님 밖에 없습니다

그제서야

난파된 배 모서리
떨리는 눈빛조차 버거워 우는 자

심장을 도려내는 아픔 짓누를 때
죽음의 문턱에서 눈물조차 없을 때

그제서야 주님을 찾습니다
여전히 그 자리에 계시는데

잊고 살았습니다
분주해 생각지 못했습니다

회복의 은혜 주소서
뜨거운 사랑 주소서

주님으로 채우게 하소서

여호와께 돌아가자

떡과 고기로
배 채우는 희희낙낙
미련한 백성들

거짓과 여호와 사이
머뭇거리는
어리석은 인생이 아닌가

눈을 들어 하늘을 보아
맑은 영 사모하라

여호와께 돌아가자

하루

눈을 뜨니 선물이 포개있네
살며시 열어보니
'하루'가 곱게 웃음 짓는다네

몸이 찌푸둥해
"'아고" 터져 나오는 순간

생각이 입술에게 "감사해야지"
그래! 감사로 하루의 선물을 받자
주님의 마음으로

배려와 친절의 옷 입고
선한 발걸음을 재촉하자

허락하신 이 하루
선한 말로 시작을 물들이네

사랑하는 그대에게
(정교사님을 위한 글)

그대 눈물 짓지 마오 평안 주시리니
가슴 아파마오 동트면 미소 찾으리니

백합화 달고 샤론의 꽃 입 맞추리니
그대여 잠시만 기다려 주오

미치도록 가슴 시리고
죽을 만큼 힘들어도

이전 모습 아니 그보다 고운 모습
절절히 느끼게 되나니

그대를 위한 기도의 호흡
영혼들의 울림 들으소서

그대 내면의 향기 빛나리니
일어나 빛을 발하리라

아름다운 마음

너와 나 사랑하는
침묵의 헌신

내가 아닌 너를 위해
흘리는 눈물

아픔 보듬는 일체의 나눔
진정한 위로가 아닌가

주님의 마음이어라

묵상

새벽을 열고 달려가는 영혼

텅빈 가슴에 모이는 별빛가루

사랑하는 이에게
뿌리우고

아파하는 이에게
나눠주고

십자가 향기 진동 하니
빗길 속 걸어오는 발걸음

고운 채움으로
심장의 고동 유난히 빛난다

한나의 간구

참담한 처지 비관한
탄식의 소리
문설주 가득 메웠네

통곡의 외침 실로에 울려 퍼지고
슬픔의 메아리
온 가슴 속 울리네

술 취한 듯 가슴의 짓눌림
고통으로 호소하니
고독의 눈물 잔 채워
거룩한 주 앞에 드리고

평안의 은혜 금빛 옷 입혀 주리라

수심 변하여
기쁨의 제사 드렸더라

빈손

자꾸만 채우려하네
하나 둘씩

무거운 줄 알면서
무너진 탑 쌓고
애써 세우려 하네

빈손이 행복인줄 알면서
굳이 맞다고 우기며
변명하는 삶

꿈을 깨우는 흐려진 판단
채찍질 가하는 수레는 달가닥 달가닥

혼돈과 흡사한 인식
내려놓은 지혜가 거룩하여라

행복

나의 일생
주님의 예정입니다

나의 가는 길
주님의 발자취입니다

나의 입술
주님의 도구입니다

온전한 주의 은혜
종일토록
주의 전에서

그대에게서

그대에게서
국화꽃 향기가 납니다

내가 쉴 당신의 품

시름시름 앓던
마음의 통증 씻기어

당신의 향기에
온 몸 적시며 차곡차곡

아 아 지금 이 순간
순백의 사랑 사모합니다

영글어 가는 내 영혼
찬미의 울림은 깊어가고

마지막 장식

달력을 보니
달랑 두 장 남았습니다

들뜨거나 상하거나한 감정이 차곡히 쌓여
원해도 오지 않는 일상 거절해도 다가온 코로나
한숨과 설렘 교차한 나날들

은혜의 단비는 여전히
세월을 적시고 있습니다

기도로 인한 회복의 빛
지혜의 거울 반사된 거겠지

성숙한 너그러움 모락모락
주님은 언제나 옳습니다

하얗게 남은 달력에
고운 십자가 새기려 합니다

샘물

마음에 촉촉히 젖어있어
언제라도 흘러 보내는
기도 항아리

야위어 가는 잎새에도
주르르 부어주고

빛바랜 달빛의 가슴에도
넉넉히 부어주고

얼룩진 온 세상
골고루 뿌리운다

빛이 열리는 소리
영혼이 살찌는 소리

3 부

마
음

마음

맑은 호수가에
비친 그리움
숨기려 애써도 훤히 보이네

살랑이는 물결에
들켜버린 속 내음

하늘빛에 어우러져
설레임 모아 자꾸만 웃는다

반영사진의 여운이
날개를 달고

사랑의 찬가

별빛 타고
연민 들꽃 향기에
따스한 노을을 부었어요

예쁜 미소 번지니
떡갈나무 옷에도 선율이 가득

호젓한 개울가
들꽃 바람 살랑이니
꿈은 무르익고

별빛 사랑 못 이겨
두둥실 언덕에는
연분홍 꿈 몽실몽실

아! 겸손한 꿈
아무도 모르게

가을 멀미

눈부신 햇살의 입맞춤으로
숨막히는 떨림

빛바랜 시집에 담고
우수도 부른다

슈베르트 나타나
뿌린 젊음의 기억들

와르르 무너지고

신발 벗은 채
달음질하는 세월

향수로 뒤덮은 아찔함인가

계절은 가고

물빛에 여린 자태
낯설게 느껴지는 스케치 여운

버드나무 우거진 잎새
살랑이는 노을에
수줍은 고개 숙여지고

아는 척 하기 쑥스러워
말없이 돌아서는데

고운 손짓
바람결 속삭이는 소리

아! 가을인가

12월에는

12월에는 지난날 돌아보자
앞만 보고 걸어왔는데

지난날 고독 지난날 사랑 소소한 추억

찬란했던 옷 벗고
겨울나무는 숨 가쁘게 달려
스쳐온 나날 말없이 묵상하고 있다

너와 나 돌아보기 위함이요
눈물 나도록 그립고 사랑한 것들
그것으로 감사함이라

지난날 발자욱의 흔적
첫사랑 첫 마음으로 내딛기 위함이라

모든 거 내려놓고 내게 주신 거
고요히 감사하자

겨울 장미

세상 어디에도 없는 당신

당신의 자리는
화려한 별빛 아래지만
이미 맘속에 와 살고 있는 당신

눈부시게 아름다운
그대를 얼마나
좋아하는지

그 향기 진동해
내 심장에 퍼져있음을
고백 합니다

온종일
그대를 그리워합니다

겨울 문턱에서

추억

어릴 적
당신이 사랑을 접어 넣어준
고운 편지는 어디에 있을까

냇가에서 종이배 건네준
다정한 미소는 어디로 갔는지

애틋한 당신의 목소리
불러보아도
"나 여기 있다" 대답 없네

몸살처럼 앓은 그리움
"아, 보고 싶다"

그 어떤 말보다
꿈결에라도 다녀가시길

달콤한 향수

내게 살갑게 굴지 않는 이
그러려니 하자
삶의 무게 깊은 거겠지

내게 가까이 오지 않는 이
그러려니 하자
후에 다정한 벗 되리니

차가운 눈빛 보듬어 주자
언젠가 따스한 사람으로
세상의 빛 되려니

누구를 바라볼 때 그만의 향기 느끼자
내가 아닌 너를 위해

어둠에 비친 달빛처럼

기다림

그립다고
하늘 향해 메아리
그려 봅니다

허브 향 퍼지는
공기에
마음 적시고

곱게 새겨진 얼굴
창가에 어리는 물방울인가

하아얀 빛이
아스라이 사라진다

저만큼 다가오는 꽃

위로의 창

향기로운 여인

아낌없이 주는 나무

가슴으로 품어준
울리는 메아리

황혼의 아늑함이여

그대 뽀오얀 얼굴
검은 꽃 피었고

그대 고운 손등
주름 꽃 활짝 피니

영롱한 눈가 눈물이 고여
어 머 니

금계꽃

한낱 스치는 바람이라
말하지 마세요

고이 품어내는 꽃향기
한아름 피우잖아요

갸날픈 한송이라
비웃지 마세요

시름시름 앓는
누군가에게 따스함 입니다

선연한 포옹
노오란 달빛 되어

기대와 설렘으로

하루

햇살이 얼굴 만지네
찡그린 이마 짙어지고

그늘 속 사라져 물음표 던지고
그리움 몰아친다네

젊음은 시간을 타고

파아란 하늘 향기
그 아래 숨 쉬는 동안

지나온 숫자에 또 포개고

바다

몰려온 인파로 몸살 앓고 있던 너

뿌옇게 흐려진 얼굴
노을빛 눈부시네

모두 지쳐 너를 찾는 지금
누군가 위해 고뇌한
무늬가 멍이 들었네

주기만 하던 너

선명한 물결 채우며
고요에도 일하고 있다네

쉼은 아름답다
어느 누군가를 위해

여름

소나기 닮은 장미의
열정으로

이슬 닮은 풀잎의
눈빛으로

곱게 곱게 물드는 사랑

살짝 핀 여운으로

작금(昨今)의 변화

무한 성장을
독려하는 자아

언택트와 함께 걷는
우리네

일상과 연동되어 가는
뇌신경 세포가 점을 찍고

작금의 변화가 낯설지만 않다

공존해 가는 pendmic

널브러져 있는 공간
그리고…

그렇게 떠나는 각성인가
지금 시작해도 될까요

숭고한 이별

흩날리는 눈 사이로
겨울 새 외로이 울먹이네

적막히 들리는 휘파람 소리
언덕 너머 황토 내음새

애타게 부르면 금새 나타나
여운 남기고 숨어버린
고향의 소리

텅 빈 공간에 아롱지는 추억
땅거미 새겨진 골드 빛 영상

붉은 노을보다 더 숭고한 모습
겨울이라 부른다

친정엄마

숫자로 도출하지 못한
묻혀버린 이름

여전히 내 심장엔
눈물의 자욱 새겨져
십자가 안고 달린 여인이여

찬 서리 가득 인내의 발걸음은
그토록 목이 메었네

외로움조차 포도주 향으로
은은하게 번지고 퍼져

깊은 꿈의 언어 멈출 수 없는 사랑
끝없이 떠오르네
따스한 위로를 기억하며

여름의 고독

찌푸린 더위에
화내지 않기로 했다

햇볕에 익어
숨죽인 이파리
간곡한 오해 변명하지 않듯이

잘못된 선입관
훌훌 떨쳐버리고

적셔오는 땀의 전율
창에 어린 여름의 광란인가

여유의 컵은 반짝이고
레몬 향에 온 맘 씻기운다

향수

짙은 녹음 홀로 핀 꽃
그 위에 애틋하게 눕는다

여운자락 열고 먼 옛날 고향 하늘
바람결 타고 소곤 거린다

세월을 흔드는 어여쁜 얼룩
지워지지 않는 노을 채색에 몸을 맡기고
말갛게 씻어내는 만남이여

그립다 못해 꿈이 되어버린 꽃향기
밤하늘 웃음 진 별 간절함 가득 채우는데

아롱진 그대 왔노라 나 부르니

화사한 어린 그 시절이여

Looking back

푸르른 살갗 눈부시게 고운 그대
새벽안개 맞으러 가리라

절절한 울림 에메랄드 싱그런
하얀 방울 새기러 가리라

그곳에 신기한 매직 쇼
춤추던 멋진 그대
깊은 품 반기러 가리라

고난과 삶의 의미 녹아내어 승화된
내포물 가득

거품으로 왔다 흔적 없는 순간

영상 담그어
축제의 시 남기리

산책

이슬 앉은 잔디밭
살포시 걸어가는 마음

풀벌레의 고마운 속삭임
"피톤치드 받으세요"

향기론 시선 얼굴에 멈추어
가장 행복한 여인이 된다
약속이나 한 듯 반기는 아기 들꽃들

고운 손 내밀어 악수 청하니
쑥스러운 나는

흐르는 물결에 샤워 마치고
머나먼 길 떠나는 잉어

눈부신 햇살아래 자꾸만 빠져드는
초록빛 길목이여

세상 살 때면

세상 살 때 그리 따지지 말아요
기쁨 사라지니까요

세상 살며 너와 나 비교 말아요

각자 표현 달란트 다르니
있는 그대로 인정해 주어요

세상 살며 그리 감추지 말아요
숨길수록 마음고생 심해지니
있는 그대로의 나 보여 주어요

가벼운 눈웃음 예쁘게 바라보아요
해맑은 아이처럼

들꽃

따스한 설레임 춤을 춘다
스치는 길목에서

보드라운 두 손
하늘빛 곱게 나폴나폴

하아얀 얼굴
다가와 안기고

애써 외면하여도
여전한 향기로움

아
나즈막이 그리는
여름날 풀잎인가

봄의 찬가

숲속 정원 너머 건너와 홀연히 선
봄의 창가

파르르 몸을 떨며 애처롭게 바라본다
갈 길 잃은 바람의 흔적

사뭇 다르게 숱한 웃음 만개하고
녹색 새순은 뿌리까지 감미로운데
땅이 한숨 쉬고 있다

그래 바람의 향기
푸르른 길목을 맞이하자
살얼음 걷어내고
맑은 플룻으로 장식하자

바람의 꽃 피울 수 있게

안부

잘 있냐고
잘 있다고
그렇게 웃습니다

그 어떤 바램보다
따스한 인사

보고 싶었노라
떨리는 사랑 전하고

해맑은 미소에
눈물이 고여

코로나

냉소적인 당신의 눈빛 슬픔입니다

따스한 감촉은 두고라도
매서운 시선 불안 합니다
이별 원하지만 떠날 생각 없는 당신
주위를 빙빙 맴 돕니다

연초록 빛 범람한 봄의 향기 그립니다
맑은 공기에 흐르는
아련한 추억 되새깁니다

마주 손잡고
맨 얼굴로 반기면 좋으련만

고독보다 진한 미움의 창 헐고
당신의 길 가소서
친구 담장에 꽃이 피도록

식탁은 아름다워

뜨거운 동태 탕 김 모락거릴 때
당신과 내가 함께 한 사각형 레이스

심장이 녹슬어 튕겨져 나간 모서리
향기로운 대화로 채워지고
뉘우침 보약이 된다

처진 어깨 혈액순환으로
감동이 모락모락

연민의 정 듬뿍 넣어
다복한 웃음 꼭꼭 씹어 소화한다

싱싱한 이파리 골고루 전해
고된 하루 달콤한 하품
안도의 쉼 무르익는다

가을 엽서

그립다 말 대신
붉게 물든 단풍을 띄웁니다

플라타너스 잎새 위에
추억의 시 보냅니다

청아한 하늘에 적시어
더욱 해맑은 사랑

꽃바람 향기에 취해
마음은 날개를 달고

어머니 손길 같은 꽃내음
당신의 그 길로 달려갑니다

고향의 노래

그리움 한 자락 움켜쥐고
걸어온 시간

그토록 부르던
애틋한 향수 진달래 범벅
산천을 덮고

진하게 번지는 향내 나는 시절

출렁이는 다리 밑
따사로이 흐르는 물결이여

조그만 발자욱
아스라이 사라질 무렵

꿈속에 소복히 쌓이고 쌓여
박동이 진하게 맴돈다

파도

몽실몽실 거품이
숨을 쉬어요

뽀오얀 속살 드러내고

얌전히 손 내미는
웃음 핀 얼굴

하얗게 입가엔 포근함이
찰싹찰싹 어울리는 옷자락
고마운 거품이여

겨울 들녘

상아빛깔 뽀얀 얼음
고니들의 화음이 계속되고

흐릿한 산자락은 옥토의 낭만인가
스테이지 화음 울리고

갈대밭 떠도는 바람도
은빛 첼로로 파장을 연다

붉은 메아리 고요를 깨고
고스란히 숨을 몰아쉬고

홀연히 왔다가 마음 주고 가는 노을

시간 속으로 자연 속으로
그렇게 나즈막히

성장통

연두빛 위에 하얀 봉우리
철늦은 함박눈 그만 울상 지었네
봄으로 단장한 행인
으스스 움츠리고 있다네

겨울 지나 봄 오고
봄 가면 여름오는 게 아닌가 보다
계절이 지날 때면 온 세상 몸살을 앓는다

얼어붙은 땅 스르르 녹아
봄꽃 피듯이

얼어붙은 마음 밭 갈아야
고운 새순 돋겠지

그때에는 봄을 맞이하리

그리움의 뜰에서

해질 무렵
바람으로 다가온
허전함에
뿌연 물감을 마음에 칠하네

무표정한 나무에게
손 내밀어 보지만
눈짓조차 꽁꽁

스쳐간 지난 날
회상에 울컥 거리는
눈물방울

계속 뛰는 심장 이별을 고하고

웃고 교감하던
그 시절이여

개망초

보드라운 심장
감미로운 춤을 추고

기다리는 마음
깊어 가는데

붉게 익은 얼굴
그 뒤로 여름이 스친다

그대 어디쯤 오고 있는지

상아탑(象牙塔)

응고된 고집
나만의 세계를 구축
테두리 안에 자신을 가둔다

진가(眞假)의 맥이 뻔히 보이는데
또 다른 전통을 배출한다

그릇된 양상의 언어 수집하는 취미
타인에게 더불어 사는 이미지로
목이 곧은 대나무의 뻣뻣함
날카로운 칼 될 수 있기에

바람의 움직임에 자신을 맡기는
들꽃의 파워가 더 세다

움직이는 동선
애틋한 향기 품어내는구나
묻어가는 자국이 교향곡이다

세월

잎새 떨어져 이슬비 쌓이니
그리움이 안기더라

창가에 맺힌 가을비 만지니
서러움이 쌓이더라

시간의 내음새
온통 무늬 찍고 파고들어

살갗에 새기고 아롱지니
주름꽃 화알짝 피어나네

남몰래 숨 쉬는 눈물이어라

4 부

꼬마 연필 (동시)

오줌싸개

물을 많이 먹었나봐요
"오줌싸개, 오줌싸개"

교실에는 깔깔깔 웃음소리
소연이, 지수, 다정이 너무 즐거워

제일 친한 짝꿍까지
휴우 한숨을 쉬어요

수민이 '아이 부끄러워'
눈물이 톡 떨어질 때

창가에 앉아있던 화분
소리 내어 오줌을 쌌어요
물을 너무 많이 먹었나봐요
"오줌싸개, 오줌싸개"

쑥스런 수민이 덩달아 깔깔깔
교실엔 웃음꽃이 피었지요

봄이 오는 소리

살금살금 소리 없이 온다고
모를 줄 아세요

온 들판에 연두 새싹
고개들고 나오는데요

살랑살랑 슬그머니 온다고
모를 줄 아세요

온 동네에 나비와 벌들
봄의 찬가 부르는데요

꽃향기 뿌리며
소곤소곤 말해보세요

반기러 갈게요
두 손 벌려 웃으며

야생화

풀밭에 다소 곳 누워있는
노오란 국화를 보니 뭉클해져요

피곤에 지친 듯 보여
무엇으로 덮어 줄까 생각했어요

고운 빛 손수건으로
사알짝 포개어 주었지요
삐져나온 얼굴에 웃음 가득

바싹 마른 손바닥이 거칠어
가져온 물병 마개를 열고
주르르 부어 주었어요

촉촉히 젖은 두 손을 위로
살랑살랑 춤을 추지요

내 마음도 어느새
사뿐히 뛰고 있네요

엄마와 나

나는 물고기 색이 예쁜데
엄마는 물고기 수에 관심이 많다

내가 핑크 꽃이 예쁘다고 하면
엄마는 핑크 꽃을 세어보라고 한다

나는 재미있는 건우가 좋은데
엄마는 공부 잘하는 수찬이를 좋아한다

나는 컴퓨터게임을 좋아하는데
엄마는 타자수에 관심이 많다

엄마와 나는 정말 닮았나

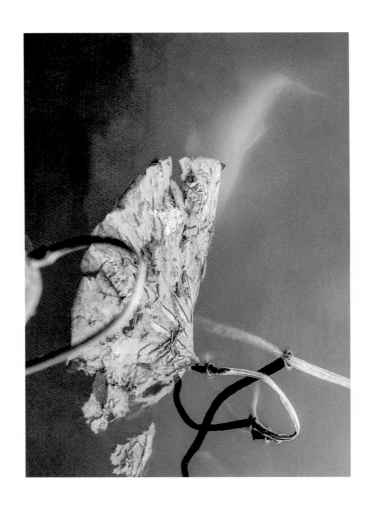

탄천길

나들이 온다고 소문 냈나 봐요
수다쟁이 바람이요

꽃무늬 초록 치마 차려입고
귀여운 새싹들 인사하네요

올망졸망 들꽃 색시
봄빛 담아 짝짝짝

고개 내밀며 손 흔드는 잉어들
"탄천 방문을 환영해요"
좋아하는 새우깡도 가져오지 않았는데

발그레한 산당화
랄라랄라 노래까지 불러주네요
어깨가 으쓱으쓱
입가엔 생글생글

꼬마 연필

꼬마 연필이
교실에서 종일 울고 있어요

철이가 얼마나 바쁜지
지우개만 데리고 후닥닥 가벼렸거든요

눈물 자국 까맣게 번지고
마음이 타버리고 있을 때

달려가던 바람이 안아주었고
지나가던 목련꽃이 눈물 닦아 주었지요

창가에 기댄 해님
내일이면 철이가 온다고 하자

꼬마연필 햇살 이불 덮고
스르르 잠이 들었네요

오직 예수님

아무도 할수 없네
병든자 고치신 분

능력의 주 사랑의 주
기뻐 뛰며 노래해

라랄랄라 오직 예수님

누구도 할수 없네
병든자 살리신 분

구원의 주 은혜의 주
춤을 추며 노래해

라랄랄라 오직 예수님

– 2018. 7. 11 〈크리스챤연합신문〉에 게재
– 전 음원사(음반)에 출시

위로의 창

초판 인쇄　2022년 10월 24일
초판 발행　2022년 10월 28일

지 은 이　최금희
펴 낸 곳　**코람데오**
등　　록　제300-2009-169호
주　　소　서울시 종로구 세종대로 23길 54, 1006호
전　　화　02)2264-3650, 010-5415-3650
　　　　　　FAX. 02)2264-3652
E-mail　soho3650@naver.com

ISBN | 979-11-92191-11-9 03230

값 12,000원